인지심리학자 김경일의 찐 공부법

1등급 저질렀다!

인지심리학자 김경일의 찐 공부법

1판 1쇄 발행일 2022년 4월 18일 1판 2쇄 발행일 2022년 12월 20일

글쓴이 김경일 그린이 뜬금
펴낸곳 (주)도서출판 북멘토 펴낸이 김태완
편집주간 이은아 편집 김경란, 조정우 디자인 키꼬, 안상준 마케팅 이상현, 민지원, 염승연
출판등록 제6-800호(2006. 6. 13.)
주소 03990 서울시 마포구 월드컵북로6길 69(연남동 567-11) IK빌딩 3층
전화 02-332-4885 팩스 02-6021-4885
🏠 bookmentorbooks.co.kr ✉ bookmentorbooks@hanmail.net
📷 bookmentorbooks__ 📘 bookmentorbooks

ISBN 978-89-6319-475-2 43190

인지심리학자 **김경일**의 **찐** 공부법

김경일글
뜬금그림

북멘토

공부가 재미있다는 건 사실 거짓말에 가깝다. 다만 우리의 꿈과 목표를 이루기 위해 반드시 해야 하는 것 중 하나다. 그래서 공부가 즐거운 친구들은 사실 거의 없다. 나도 학자지만 공부가 재미있을 리 없다. 다만 그 결실이 보람되고 달콤하니 하는 것이다. 하지만 그 결과에 도달하는 과정을 좀 더 흥미진진하게 만들 수 있다. 그런 것 중 하나가 바로 게임이다.

게임은 왜 재미있을까? 중간중간에 스코어와 랭킹이 나오기 때문 이다. 그래서 내가 얼마큼 했고, 어느 위치에 있는지, 그리고 얼마나 남았는지를 보여 주기 때문에 몰입할 수 있다. 미션 클리어, 스테이 지 완성 등 다양한 피드백이 나에게 오기 때문에 게임을 한다. 공부 도 게임처럼 할 순 없을까?

또 신기하게도 밥 먹고 나면 유난히 하게 되는 게임이 있고, 북적 이는 버스 안에서 하면 좋은 게임이 있다. 비 오는 날 하게 되는 게 임이 있고, 화창한 날에 하게 되는 게임이 있다. 이렇듯 상황에 따라 잘되거나 더 몰입할 수 있는 공부가 따로 있을까?

공부는 재미가 없지만 웹툰과 웹소설은 시간 가는 줄 모르고 본다. 왜 그럴까? 공부에는 없는 스토리 즉 줄거리가 없기 때문이다. 그렇다면 공부도 줄거리가 생기면 어떨까?

그래서 공부에 관한 인지심리학적 지식과 정보를 만화의 형식으로 만들어 봤다. 신기하게도 만들어 놓고 보니 저자인 내가 더 재미있게 본다. 모쪼록 우리 시대의 많은 학생들께서 이 책을 통해 내 공부와 내 생각에 대한 안목을 한 단계 더 높여 보길 바란다.

인지심리학자 **김경일**

차례

등장인물

이지은

고2. 착하지만 눈치가 없다. 그동안 공부엔 관심이 없었다. 하고 싶은 일이 없었기 때문이다. 그러던 어느 날 천문 우주학자가 되고 싶다는 생각을 하게 된다. 그러자면 대학을 가야 하는데…. 이런, 그동안 공부를 하지 않았던 탓에 어떻게 공부를 해야 하는지 모르겠다. 누가 좀 도와줘!

김태준

고2. 쾌활하고 명쾌하다. 삼촌의 영향을 받아 인지심리학자가 되고 싶어 한다. 평소 지은을 좋아해서 지은 모르게 지은의 얼굴을 그리기도 했다. 그런데 어느 날부터 지은이 변했다. 공부에 관심을 보이기 시작한 것이다. 아, 이건 기회다. 지은과 더 가까워질 기회. 지은에게 공부의 팁을 주기 시작한다. 하지만 팁 몇 개를 주고 나니 더 줄 팁이 없다. 고민 끝에 인지심리학자인 삼촌에게 도움을 요청한다.

김경일

태준의 삼촌. 인지심리학자로 공부에도 방법이 있다고 말한다. 그래서
평소 태준에게 공부 방법을 알려 주곤 했는데, 이젠 태준의 친구들에게
까지 알려 주게 되었다.

최수진

고2. 지은의 단짝 친구다. 지기 싫어하고, 무
조건 명문대가 목표다. 아직 꿈은 없다. 공
부로 인한 스트레스로 항상 마음이 불안하
다. 그러다 보니 공부에 집중하는 게 힘들
다. 하지만 친구들과 함께 공부하며 이런저
런 고민을 나누다 보니 점점 성장하는 느낌
이 든다. 맞아, 스트레스는 만병의 근원이라
잖아. 마음의 여유를 찾자.

서동호

고2. 사교성이 없어 늘 혼자지만, 생각이 깊
고 어른스럽다. 그림 그리기를 좋아해서 미
술을 전공하고 싶어 한다. 항상 좋은 성적을
내지만, 자신감은 없다. 그런데 수진의 말 한
마디에 힘을 얻는다. 그 후, 수진과 친구들을
자꾸만 보게 되고, 함께 어울리는 그들이 부
럽다. 이 모습을 눈치챈 친구들은 동호에게
함께 공부하자고 손을 내민다. 친구와 함께
하는 게 이렇게 재미있는 일이었어? 그동안
우울했던 시간이 즐거워지기 시작했다.

1 목표

꿈이
생겼어!

천문 우주학은 물리, 별, 은하, 행성,
우주 등을 다루는 학문이에요.

…!

12

재미로 공부하니?

대학에도 안 갈 거야.
그런데 재미없는 공부를 왜 해?

그래라. 대학 학비도 비싼데.
돈 굳었네.

그럼 엄마, 치킨 주문해 주면 안 돼?
돈도 굳었는데.

삐죽   삐죽

벌   떡

그까짓 성적….

올리면 되지!!!!!

이제껏 공부를 안 해서 그렇지,
하면 진짜 잘할 거야.

음·음.

벌컥!

엄마!!!

1등급 공부법

목표

꿈을 이루기 위해선 좋은 목표가 있어야 해요. 좋은 목표란 내가 해야 할 바를 분명하게 제시해 주는 거예요. 이를테면, 전교 100등을 목표로 잡는 거죠. 이때 105등에서 그쳤더라도 목표를 이루지 못한 건 아니에요. 자신이 지금 어느 정도 지점에 있는지 알 수 있기 때문이죠.

2 계획

왜
계획대로
안 되는 거야?

으아아아~!
공부하기엔 아까운 날씨….

음!

아니야, 지은아. 정신 차려.
천문 우주학자가 되고 싶잖아.
그러려면 공부해야 해.

짝!

날씨 참 좋다~

안 돼!!!

창문이 보이지 않게 책상을 옮기자.

이젠 진짜 공부하자, 이지은.

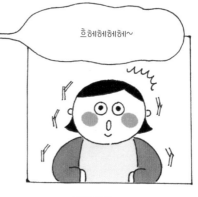

흐헤헤헤헤헤~

나가라.

들어가지도 않았다.

하루 5시간 이상 공부하기,
반 등수 10등 올리기 같은 거?

???

그런 건 목표지.

어? 계획 아니고?

계획은 좀 더 구체적이어야 해.
마치 눈금이 있는 자처럼
촘촘하게 작성해야 해.

눈금이 있는 자?

눈금이 없는 자는 시작과 끝만 있어.
오늘 5시간 공부했다, 하지 않았다만 있는 것처럼.
하지만 눈금이 있는 자는
처음에서 끝으로 가기까지의 과정을 알 수 있지.

음…, 그럼 엄마는
계획을 어떻게 짰어?

즉,
촘촘한 계획이 바로
자의 눈금 역할을
하는 거야.

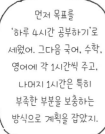

먼저 목표를 '하루 4시간 공부하기'로 세웠어. 그다음 국어, 수학, 영어에 각 1시간씩 주고, 나머지 1시간은 특히 부족한 부분을 보충하는 방식으로 계획을 잡았지.

국어와 영어는 각각 지문 5개, 수학은 문제 15개 풀기 같은 구체적 계획을 세웠어.

이렇게 하면, 내가 세운 계획을 얼마나 달성했는지를 알 수 있으니까.

나도 엄마처럼 할래.

하하. 너는 너만의 계획을 세워야지.

나만의 계획?

자기만의 포맷을 만드는 게 중요해. 사람마다 공부할 수 있는 시간, 공부하는 방법, 공부에 대한 생각이 다르니까. 그리고 계획의 단위도 하루, 일주일, 한 달로 다르게 잡을 수 있고.

흐음.

작.심.삼.일.

휙!

콕!

악!!!!

힘…
힘 엄청 세…
체력 걱정 절대 하지 마.

틱!

이지은의 계획표!

1등급 공부법

계획

계획은 목표를 달성하기 위한 수행 과정이에요. 이 과정에는 '정해진 시간에 정확하게 내가 해야 할 일'이 제시되어 있어야 해요. 이를테면, '매일 4시간 공부하기' 계획을 잡았다면, 1시간은 영어, 1시간은 국어 등 시간을 촘촘하게 나누는 게 좋아요.

욕심부리지 말아야지

10

계획표를 짜면 멀 해?
지키지도 않는데.

에휴~

천문 우주학자.
그래서 천문 우주학과에
갈 생각이야.

멋지긴 한데….

말하지 마.

말하지 마.

내가 무슨 말할 줄 알고?

지금 내 성적으로
갈 수 있냐고 할 거잖아.

아니라곤
말 못하겠네.

풉!

!

!

핫!

뭐냐?
너, 우리 대화 듣고
웃었지?

쿡!

어쨌든 지금부터라도 열심히 공부해 성적을 올릴 생각이야. 계획표도 그래서 짠 거고. 그런데 생각보다 어렵네. 계획표를 짠 지 일주일이나 되었는데, 단 하루도 못 지켰어.

공부 습관이 안 잡혀 있는 거지.

그런가 봐. 얼마나 공부해야 공부 습관이 잡힐까?

글쎄….

10일 정도.

뭐?

사람마다 다르긴 하지만, 사소한 행동은 10일만 유지해도 습관이 될 수 있대.

정말?

응. 우리 삼촌의 말.

와, 멋지네.
그런데 진짜로 내가 세운 공부 계획을
10일 동안 지키면 공부 습관을
만들 수 있어?

하루에 몇 시간씩 공부할 계획이야?

4시간.

지킬 수 있겠어?

아니,
그러니까 고민이지.

일단은 욕심을 부리지 않는 게 좋아.
말 그대로 습관이잖아.

그럼 어떻게 하는 게 좋아?

하루 10분,
무조건 책상 앞에 앉아 공부하기.

그 정도
시간으로
공부가
되겠어?

물론 열심히 공부했다고 할 수 없지.
하지만 책상 앞에 앉아 공부하는 습관을 키울 수는 있지.
매일 4시간씩 공부할 자신은 없잖아?

그건 그래.

괜히 부담만 되고.
또, 계획대로 안 하면 자책하게 되잖아.
하지만 10분 정도는 충분히 할 수 있을 거야.
그렇게 10일 동안 해 보는 거지.

그러다 습관이 되었다 싶으면,
시간을 조금씩 늘리면 돼. 지금은 10분이지만,
한 달 후엔 1시간, 두 달 후엔 2시간이
될 수도 있어.

아!

습관이라는 게 애당초
아주 작은 것들이 모여 만들어지는 거잖아.
그러니까 욕심 부리지 않고 작은 것부터
실천해 나가는 게 중요해.

고마워,
도움 많이 되었어.

아,
그, 그럼 다행.

좋은 습관은 좋은 행동과 좋은 결과를 낳아요. 좋은 습관을 만들려면 당연히 그에 합당한 노력이 필요하죠. 그렇다고 처음부터 과도한 계획을 세우고, 그 계획을 지키기 위해 노력할 필요는 없어요. 오히려 쉽게 지치기 때문이에요. 자신이 할 수 있는 것들을 정해 조금씩 바꾸도록 노력해 봐요.

4 불안감

불안해서
울고 싶어
ㅠ.ㅠ

저기⋯. 공부 습관은 좀 잡힌 거 같아?
그때 말한 이후로 10일은 지난 거 같은데.

아. 그렇지 않아도
너한테 제일 먼저 얘기하고 싶었어.

나한테
제일 먼저⋯.

욕심내지 않고 하루 20분씩만 공부하기로 했거든.
그러니까 진짜 매일 20분씩은 공부하게 되더라고.
내일부턴 10분 더 늘려 30분씩 공부해 보려고.

다행이네.

덕분이야. 고마워.

화
—
악

그, 그런데 수진인?
수진이가 안 보이네?

수진이는 양호실에 있어.
머리가 아프대.

아! 그래서 아침에
힘이 없어 보였구나⋯.

응.

41

놀랐지?

응. 그런데 나보단 수진이가 더 놀란 것 같아. 자기도 그렇게 울음을 터뜨릴지 몰랐대. 그동안 공부 때문에 스트레스가 심했나 봐.

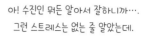

아! 수진인 뭐든 알아서 잘하니까…. 그런 스트레스는 없는 줄 알았는데.

가장 친한 친구인 나도 몰랐는걸. 성적이 떨어지면 어쩌나, 대학에 못 가는 건 아닌가, 이런 생각이 자꾸 들어서 몇 날 며칠 잠도 못 잤대.

불안감에 시달리고 있구나.

그런 것 같아.

…

걱정이네.

우리 삼촌이 인지심리학자라고 말했던 거 기억해?

응.

삼촌이 그러는데, 사람은 모호하고 불확실한 것에 불안감을 느낀대. 특히 우리 같은 청소년은 앞날을 모르니까 어른보다 더 불안감에 시달리기 쉽다는 거야.

이 불안감이 반복되면….

반복되면?

우울해지면서, 일상의 모든 것을
부정적으로 보게 된다고 해.

하아.

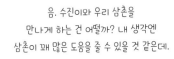

음. 수진이와 우리 삼촌을
만나게 하는 건 어떨까? 내 생각엔
삼촌이 꽤 많은 도움을 줄 수 있을 것 같은데.

수진이에게 말해 줘야겠다.

잠깐!

왜?

???

지금 막 잠들었다며?

아!

불안감

불안감은 내가 알지 못하거나 전혀 예측할 수 없는 경우에도 발생해요. 그래서 미래를 생각하면 막연한 불안감에 갑자기 괴로워지기도 하는 거죠. 먼 미래를 미리 당겨 걱정하지 말아요. 지금 내가 해야 하는 일들을 하나씩 해 나가는 것에 집중하도록 해요.

5

그래,
난 할 수 있어

입시까진 1년 5개월은 남은 셈이고.

우린 바로 1분 후에 일어날 일도 알 수 없어. 그런데 1년 후의 나는 어떨까, 10년 후의 나는 어떨까 같은 걱정으로 시간을 보내.

끼어들어서 죄송한데요…. 당연한 거 아닌가요? 우린 고등학생이니까 대학 입시를 걱정할 수밖에 없어요. 또, 어른이 되면 어떻게 살아야 하는지 생각해야 하고요.

생각과 걱정은 달라. 너흰 뭐든 생각하고, 상상할 수 있지. 그런데 굳이 지금 일어나지 않은 일까지 걱정할 필요는 없어.

왜요? 미래를 준비하려면 미래를 걱정해야 하는 거잖아요.

너무 먼 미래에 대한 걱정은 지금 당장 해야 하는 일을 못하게 만들어. 미래는 현재의 결과물이야. 좋은 미래는 좋은 현재가 만들어 내는 거야. 그러니까 미래에 대한 걱정으로 시간을 허비하는 것보다 지금 내가 해야 하는 일에 집중할 필요가 있는 거지.

아! 그러네요.

저도 무슨 뜻인지 알겠어요. 하지만 그러지 말아야지 하면서도 그렇게 되는 걸요. 3주 후면 기말고사인데, 마음이 불안하니까 공부가 안 돼요. 이런 제 마음을 어떻게 할 수 없어요.

불안감을 없앨 방법이 있을까요?

두 가지 방법이 있어.

첫째, 지금 해야 하는 일에 집중하는 거야.
3주 후에 기말고사라고 했지? 그럼 그 기말고사의 점수를
목표로 세워 봐. 그 점수를 받기 위해 매일 해야 할 일에 대한
계획을 세우는 거지. 실행하기 쉬운 계획으로. 그렇게
계획대로 하다 보면 3주 후에 결과를 알 수 있잖아.
가까운 시일 안에 결과를 알 수 있는 목표를 만들면,
먼 미래에 대한 걱정이나 불안은 자연스럽게 잊게 돼.

아!

두 번째는요?

자기 세뇌.

세뇌요?
뭘 어떻게
세뇌해요?

그전에 문제 하나 낼게.
공부를 잘할 수 있는 가장 좋은 방법은?

계획을 잘 세우고,
계획대로 노력하는 거요.

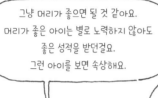

그냥 머리가 좋으면 될 것 같아요.
머리가 좋은 아이는 별로 노력하지 않아도
좋은 성적을 받던걸요.
그런 아이를 보면 속상해요.

무야, 너.
나 때문에
속상했어?

그래, 속상했다.
그동안 공부에 관심이 전혀 없는 것 같아서.

으아규~

음…?

아까비~   휙

넌?

어, 아.
수, 수업 시간에
집중해서 듣는 거요.

누가 맞았어요?

너희 전부.

에이.
가장 좋은 방법이라면서요?
그럼 딱 하나가 답이어야죠.

하하. 너희들은 너희들이
가장 중요하다고 생각한 답을
말한 거잖아. 그러니까 다 맞아.
하지만 내가 중요하다고 생각한
답은 아무도 말하지 않았어.

?

삼촌이 생각한
답은 뭔데요?

자신감.

자신감요?
자신감이 공부에 도움이 돼요?

???

??

?

당연하지. '나는 수학을 못해.'라고 생각한 아이와
'나는 수학도 잘할 수 있어.'라고 하는 아이가 있다고
생각해 봐. 이 중 누가 수학을 잘할 수 있을까?

잘할 수 있다고 생각한 아이?

맞아. 수학을 못한다고 생각한 아이는 수학에 불안감을 가질 수밖에 없겠지? 불안감이 생기면 오히려 수학 공부를 못하게 만들어. 반면, 자기는 할 수 있다고 생각한 아이는 노력하게 돼. 노력한 만큼 좋은 성적을 낼 수 있다고 믿으니까.

물론 70점 받는 아이가 갑자기 100점을 받을 수는 없어. 하지만 적어도 불안감 때문에 어이없는 실수를 하지는 않게 될 거야. 또, 차츰차츰 더 좋은 성적을 낼 수도 있지.

그러니까 '난 잘할 수 있어.'라고 생각하는 게 중요하다는 말인 거죠?

그래. 난 잘할 수 있다는 자기 세뇌를 할 필요가 있어. 수진이 네가 불안감을 느끼는 건 '난 할 수 없어, 못할 거야.' 같은 생각이 자꾸 들기 때문일 거야. 그러니까 미래까지 걱정되는 거지.

아니야?

맞아요. 뭘 어떻게 해도 할 수 없을 거라는 생각만 자꾸 들어요. 그래서 자신감도 떨어지고…. 미래의 나를 생각하면, 무섭고…. 무서우니까 공부는 더 안 되고.

생각의 전환이 필요해. 넌 할 수 있어. 너 자신을 믿어. 믿음은 주는 것만큼 돌아오게 되어 있어. 친구 사이에도 믿음이 중요하잖아. 그런데 자기 자신을 믿지 못할 이유가 뭐야?

아….

불안은 자기 마음이 만들어 내는 감옥이야.
이 감옥에서 탈출하기 위해선 먼 미래를 걱정하기보다
지금 당장 해야 할 일을 찾는 게 좋아. 그리고
'난 할 수 있어.'라고 자기 세뇌를 걸어 봐. 이렇게만 해도
불안 요소를 꽤 많이 제거할 수 있을 거야.

네. 그렇게 해 볼게요.

저도요.

너?

난 이미 그러고 있는걸요.

오~~~

재수 없어.

머쓱

저기… 삼촌.

응?

공부에서 가장 중요한 건 자신감이에요. '나는 수학을 못하는 사람이야.'라고 생각하면, 불안할 수밖에 없어요. 그러니 '나는 수학도 잘할 수 있어.'라고 자신을 세뇌해 봐요. 그럼 어느 순간 마술처럼 수학이 눈에 보이기 시작할 거예요.

6 필기

오호, 뇌의 3법칙 이라고?

보기 싫으면 말아라.
보여 달라고 할 땐 언제고?

난 조선 왕조식 필기라
별로 도움이 안 돼.

조선 왕조식 필기?

수업 시간에 선생님이 설명하는 걸
하나도 놓치지 않고 필기하는 걸
'조선 왕조식 필기'라고 이름 붙였어.

전부 다 필기하려다 보니
수업 내용을 이해하기보단 필기하는 데만
온 집중을 쓰게 되더라고. 또, 모든 걸 다 쓴다는 건
중요한 게 뭔지 모른다는 말과 같잖아.

그래서 중요한 핵심만 쓴
필기 노트가 필요해.

그렇게 하면 되잖아.

앞으로 그렇게 할 거야.
그런데 지금까진 그렇게 하지 않았으니까
핵심을 잘 살린 필기 노트가 필요하다는 거지.

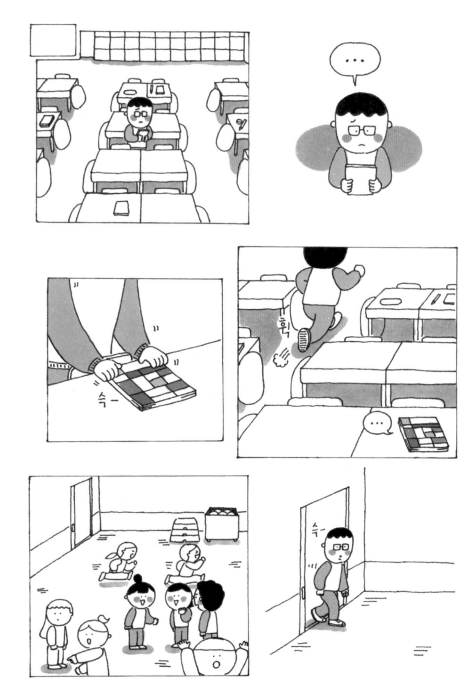

지그—시

무슨 생각을 그렇게 해?

어? 아.
아까 필기 노트.

필기 노트가 왜?

다른 사람의
필기 노트가
도움이 될까?

당연하지. 필기가
잘되어 있다는 건
정리가 잘되어
있다는 거니까.

내가 쓴 게
아닌데도?

그게 무슨 상관?

필기에도 자기 스타일이라는 게 있잖아.
정리하는 방식도 다르고,
중요하다고 생각하는 지점도 다르고.
또, 내가 아는 것을 다른 아이는 모를 수도 있고.

그러니까 자신의 언어로 자신에게 맞는 방식으로 정리된 필기는 도움이 될 수 있지만, 다른 아이의 필기가 도움이 될 수 있을까?

오. 일리 있는 말이네.

나도 지은이 생각에 한 표. 아깐 잊고 있었는데, 우리 삼촌도 비슷한 말을 한 적이 있어.

그래? 필기에 대해 또 다른 말을 해 주시진 않았어?

또 다른 말….

아! 있어.

뭔데?

뇌의 3법칙을 활용한 필기법.

오. 뭔가 있어 보인다.

좋은 필기법은 중요하거나 어렵거나 모르는 것들 위주로 적어 나가는 거잖아. 그런데 이러한 필기법은 뇌의 3법칙과도 연관성을 가진다고 해.

3법칙은 어떤 것을 듣거나 공부하거나 외울 때 3가지 이상 습득하기 힘들다는 것을 뜻해.

필기할 때도 마찬가지야.
필기를 끝낸 후엔 3가지 이상을 기억하지 못해.
그래서 정말 중요한 것 몇 가지를 색깔별로
표시해 두는 게 좋대.

어떻게?

이를테면, 중요한 건 빨간색, 어려운 건 파란색,
모르는 건 노란색 등 나만의 기준을 정해 표시하는 거지.
이렇게 색깔로 체크해 두면 나중에 내가
필요로 하는 부분을 쉽게 찾아낼 수 있어서 유용해.

아. 그래서 네 노트에 여러 색이 있었던 거구나.

응. 삼촌 말대로 했더니
진짜 도움이 되더라고.

나도 당장 그렇게 해야겠다.

음?

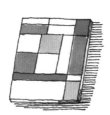

누가 이걸 내 책상에…?

필기를 끝낸 후에는 중요한 몇 가지를 색깔별로 표시해 두면 좋아요. 우리 뇌는 한 번에 3가지 이상을 습득하기 힘들기 때문이에요.

비

때문이야

싸-　　　-아

비 때문에
집중력이 떨어지는 것 같아.

사람은 알게 모르게 날씨의 영향을 많이 받아. 우리 신체의 적절한 온도는 36도에서 37.5도라는 거 알고 있지?!

네.

네.

적절한 신체 온도를 유지하면 물질대사가 활발해지고, 혈액 순환이 잘되고, 면역력 역시 증가해. 하지만 신체 온도가 1도만 떨어져도 면역력은 30%나 떨어진다는 보고가 있어.

물론 사람마다 조금씩 다르겠지만, 날이 덥거나 비가 오면 대체로 기분이 축 처지고, 날이 춥거나 건조하면 몸은 긴장 상태가 되어 버리지. 이러한 상태는 집중력에도 영향을 미쳐.

그러니까 지금 집중력이 떨어진다고 느낀 건 자연스러운 거야.

그럼 공부는 날이 좋을 때 하면 좋겠네요?

꼭 그렇지도 않아. 날이 좋으면 좋은 대로 마음이 들떠 공부에 집중하기보다 외부로 눈길을 돌리기 때문이지.

뭐예요. 그럼, 공부하기 좋은 날은 없는 거예요?

공부하기 좋은 날을 찾을 것이 아니라 날씨에 영향받지 않는 법을 찾아야지.

어떻게요?

가르쳐 주세요.

일단 솔직해지기.

???

네?

솔직한 게 날씨와 무슨 상관이에요?

???

사람들은 날씨에 영향을 받아 느끼는 감정을 솔직하게 표현하지 않는 편이지. 비가 와서 우울하면, '비가 오니까 우울해.'라고 말하면 되는데, 그러지 않거든.

왜냐? 우울하다고 말하면 진짜 우울해지는 기분이 들 것 같으니까.

그런데 말하지 않는다고, 지금 느끼는 우울한 감정이 사라지는 건 아니잖아. 오히려 마음속에 계속 담아 두게 되지.

우울한 상태로 공부하니 집중이 될 리가 없잖아. 그러니까 그냥 자기감정을 솔직하게 말하고, 그 감정을 털어 버리는 거지.

그런 다음, 날씨는 날씨고, 공부는 공부라는 생각을 하면 돼. 이렇게 하면, 날씨를 감정에 전염시키는 상태를 그나마 막을 수 있지.

지금부터라도 솔직하게 말하자. 난 비가 오니까 괜히 우울해져.

나도.

날씨는 날씨고, 공부하자.

응.

멀뚱

?

멀뚱

너도 빨리 공부해. 비 온다고 우울해하지 말고.

아니, 나는….

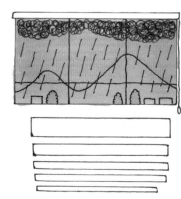

날씨

사람은 알게 모르게 날씨의 영향을 많이 받아요. 날씨는 날씨고, 공부는 공부라는 생각을 하여 날씨를 감정에 전염시키지 않게 해야 해요. 특히, 가을과 겨울에는 일조량이 부족해 우울하기 쉬워요. 산책이나 운동을 해서 체내 비타민 D 합성을 도우면 도움이 돼요.

사람은 AI가 아니야

왜?

학년과 기억력은 반비례하나 봐.
1학년 땐 기억력이 좋았는데, 2학년이 된 후부터 기억력이
막 떨어지는 것 같은 불행한 느낌. 넌 그렇지 않아?

첫. 엄살은.
나보다 훨씬 성적도 좋으면서.

당연하지.

너 놀 때,
이 언니는
열심히 공부했다.

인정.

얍!

꺅!

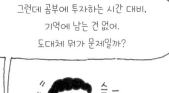

그런데 공부에 투자하는 시간 대비,
기억에 남는 건 없어.
도대체 뭐가 문제일까?

속ㅡ

75

사실, 나도 그래.

오늘도 삼촌
오피스텔에 갈까?

정말?

일단 물어볼게.

삼촌,
오늘 오피스텔에 가도 돼요?
물어볼 게 있어요.

깨똑!

07:58

기억력이 좋아지는 법을
알고 싶다는 거지?

네!

수진이는 정말
공부 열정이
대단하구나.

얘가
지는 걸
싫어해요.

지는 걸
좋아하는
사람도 있나?

그런가….

너흰 기억력이 뭐라고 생각해?

모든 것을 다 정확하게 암기해 내는 능력.

그럼 너흰 공부한 걸
정확하게 다
기억해 낼 수 있어?

그게 안 되니까….
삼촌에게 조언을
구하는 거잖아요.

넌 인공 지능 로봇이 아니지?

?!

당연하죠.

사람의 기억력은 인공 지능의 기억력과는 달라.

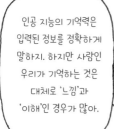

인공 지능의 기억력은 입력된 정보를 정확하게 말하지. 하지만 사람인 우리가 기억하는 것은 대체로 '느낌'과 '이해'인 경우가 많아.

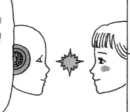

김소월의 진달래꽃을 예로 들어 볼까? 너흰 이 시의 첫 구절인 '나 보기가 역겨워/ 가실 때에는'을 웬만하면 기억할 거야.

그런데 그다음 구절은?

말없이 고이 보내드립니다.

어? 말없이 고이 보내 드리오리다 아냐?

지은이 말이 맞아. 그럼 수진이는
이 시를 기억 못한 것일까?

다 기억하는데….
정확한 글자를 말하지 못했을 뿐이에요.

하지만
이 시의 분위기나
내용은 다 알고 있지?

네.

그럼 이 시를 기억했다고 봐야 하지 않을까?
기억은 우리가 무엇인가를 있는 그대로 똑같이
외우는 것을 뜻하는 것이 아니라
그것을 이해하느냐를 의미하는 것이지.

그렇구나.

하지만
제가 알고 싶은 건 ….

알아. 머릿속에 어떻게
기억을 잘 집어넣을 수 있을까?
너희가 진짜 알고 싶은 것이 이것이지?

네.

응.

그럼 본격적인 이야기로 들어가 볼까?

1등급 공부법

기억력

기억은 우리가 무언가를 있는 그대로 똑같이 외우는 것을 뜻하는 게 아니에요. 그것을 이해하느냐를 의미하죠. 그러므로 기억력을 높이고 싶다면, '기억을 잘 집어넣는 나만의 방법'을 찾는 것이 중요해요.

9 인출 단서

기억력을
높일 수 있어

문제 하나 낼게.
일주일 후, 시험이라고 가정해 봐.

지은이 넌
매일 1시간씩
6일 동안 공부했어.

수진이 넌
계속 놀다가
시험 전날 6시간 동안
공부했지.

둘 다 공부한 시간은 같아.
그리고 둘 다 좋은 점수를 받았어.

그런데 우리가 먼가를 기억한다는 것은 머릿속에 집어넣은 정보를 밖으로 꺼내 놓는 것을 말하는 거거든. 이때, 필요한 것이 인출 단서야.

인출 단서요?

흠 ….

???

이 노트로 예를 들어 보자. 너흰 '노트'라는 단어를 외워야 해.

그런데 노트 옆엔 물잔이 있었지?

너흰 며칠 후 물잔을 보고 '노트'라는 단어를 기억해 냈어. 이때 물잔은 노트의 인출 단서가 되는 거지. 즉, 인출 단서라는 하나의 실마리를 통해 전체적인 기억을 되살리는 거야.

??
?

잘 모르겠어요.

그럼 공부에선 인출 단서를 어떻게 활용할 수 있을까?

시간.

시간요?

공부할 때, 시간 간격을 어느 정도 벌려 놓으면 기억력을 높이는 데 도움이 돼. 그제 5시간을 공부하고, 어제와 오늘 공부하지 않았다면, 5시간 동안 공부한 내용은 기억에서 쉽게 사라지지.

아, 그래서 벼락치기로 공부한 내용은 기억에서 쉽게 사라지는 거구나.

그렇지. 그래서 분산 학습을 하는 게 더 좋아.

왜요?

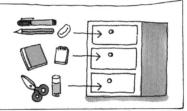

세 칸짜리 책상 서랍을 예로 들어 보자. 첫 번째 칸에는 연필, 지우개 등 필기도구를, 두 번째 칸에는 수첩, 공책 등을, 세 번째 칸에는 그 외 물건을 넣어 두면, 나중에 필요한 것을 찾기 편하겠지?

공부도 마찬가지야. 하루만 5시간을 공부하는 건 머릿속의 어느 한 장소에만 집어넣어, 나중에 기억해 내기 어렵게 만들지.

하지만 똑같이 5시간을 공부하더라도,
3일에 걸쳐 공부한다면, 그 내용을
머릿속 세 장소에 따로 보관하기 때문에
쉽게 기억해 낼 수 있게 돼.

이때, 시간이
기억을 되살리는 인출 단서가 되는 거야.

시간 = 인출
단서

사실 전…. 공부해야겠다는 마음을
얼마 전에 먹었어요. 그동안 공부에 관심이 없었고,
어떻게 해야 하는지도 몰랐어요.

그런데…. 태준이가 하루 10분씩
공부하는 습관부터 들여 보라고 말해 줬어요.
태준이 말대로 했더니, 지금은 하루 30분씩
공부하게 되었어요.

쑥-

하지만 이렇게 공부하는 동안에도
이런 공부 방법이 얼마나 도움이 되는지는 잘 몰랐는데,
오늘 삼촌 말을 들으니 앞으로도 계속 매일 꾸준히
공부해야겠다는 생각이 드네요.

화-악

ㅁ, ㅂ 자가 다른 글자에 비해 넓적해.
또, 전체적으로 지나치게 반듯해서
마치 자로 잰 것처럼 글을 쓰네.

어, 정말 그러네요.

나도 보자.

오….

오호!

하하하.

갑자기 왜 웃어요?

너희들과 있으니 나도 고등학생이 된 것 같아서.
그때 난 스트레스가 심해서 두통으로 고생 좀 했는데….
만약 그때로 다시 돌아간다면,
재미있게 공부할 수도 있었겠다 싶어.

삼촌이 두통에
시달렸다고? 그것도
스트레스 때문에?

그렇게
안 보이는데.

과목마다 다른 장소에서 공부하는 것도 기억력을 높이는 방법이 될 수 있어요. 이를테면, 수학은 방에서, 국어는 거실에서 공부하는 거죠. 과목마다 다른 장소에서 공부하면 인출 단서를 가지기 쉬워요.

10 스트레스

내가
좋아하는 걸
하면 돼

1시간이나 걸었는데도,
살찌는 소리가 아직도 들리는 것 같아.
진짜 양껏 먹어 버렸네.

나도, 나도.

그래서 산책하는 거지.

삼촌은 계획이 다 있었구나.

당연하지.

조 르 르 르 르 ─

이제 좀 쉬면 안 될까요? 다리 아파요.

하하, 그럴까?

아까 삼촌이 고등학교 다닐 때
스트레스가 심했다고 했잖아요?
어떤 스트레스였어요?

성적 강박.

헐, 삼촌이요?

무조건 좋은 성적을 받아야 한다고
나 자신을 많이 몰아붙였지. 그러다 보니
책상 앞에 앉으면 머리부터 아프더라고.
스트레스가 쌓이니까 두통이 생긴 거지.

전혀 그렇게 안 보이는데요.

지금은 그때의 고등학생이 아니니까.
게다가 얼마 후, 나름대로 극복하기도 했고.

어떻게요?

일단 나를 알기.

보통은 자기 자신에 대해
알고 있지 않아요?

???   ???

자기 자신에 대해 잘 아는 사람도 있겠지만,
그렇지 못한 사람도 많을 거야.

어쨌든 당시의 나는 내가 뭘 좋아하는지,
뭘 했을 때 행복한지 등등에 대해 전혀
모르고 있었어. 그냥 공부만 했고, 공부가
잘 안 되면 스트레스를 받는 일상이 반복되었지.

자기 자신을 아는 게 어째서
스트레스 해소에 도움이 되는 건가요?

?

우리는 흔히 '스트레스를 푼다.'라는 말을 하곤 하잖아?
이 말은 '내가 좋아하거나 나를 즐겁게 하는 일을
능동적으로 찾아 함으로써 스트레스를 이겨 낸다.'라는
의미이기도 해.

그러니까, 스트레스를 받는다 싶으면,
내가 좋아하는 일을 함으로써
스트레스를 풀어 주는 거지.

그런데 난 당시에
내가 좋아하는 게 먼지 몰랐기 때문에
내가 좋아하는 일부터 찾아야 했어.

그래서 찾았어요?

맛있는 음식을 먹으면 기분이 좋아지고, 좋은 책을 읽으면
머리가 맑아진다는 걸 깨달았지. 스트레스를 받을 때마다
음식을 먹거나 책을 읽으며 풀었어.

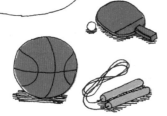
그리고 또, 운동.
운동은 스트레스를 푸는
가장 좋은 방법이라고
할 수 있어.

운동은 싫은데….

운동하면 힘들지 않나요?
오히려 공부에 방해될 것
같은데요.

공부도 신체가
건강해야 할 수 있는 거야.
그리고 운동은 엔도르핀을
평상시보다 증가시키는
효과가 있어.

엔도르핀요?

뇌에서 자연적으로
생성되는 호르몬이죠?
엔도르핀의 영향으로
즐거움과 행복감을
느낄 수 있다고 들었어요.

맞아. 그래서 운동은 스트레스 해소에
아주 좋은 방법이지. 게다가 운동은
스트레스를 겪고 있는 장소로부터
떨어뜨리는 효과도 있어.

스트레스를 겪고 있는 장소에
계속 머물러 있으면 스트레스를 없앨 수가 없어.
만약 스트레스를 받는 상황이 닥쳤다면,
일단 그 공간을 떠나 다른 공간으로 이동하는 것이 좋아.
운동은 바로 이를 가능하게 해 주지.

그렇구나.

이러한 이유로, 지금부터 운동해 볼까?

대학 입시 때
수학 만점 받았다면서요.
그런데 수학이 싫다고요?

만점요?

대단하다.

휙

싫어한 과목이었는데,
어떻게 그렇게 잘했어요?

슉—

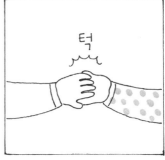

턱

손 말고.

어?
그럼, 뭐요?

??

수업비.

우리는 흔히 '스트레스를 푼다'는 말을 하죠. 이 말은 '내가 좋아하거나 즐거운 일을 능동적으로 찾아함으로써 스트레스를 이겨 낸다'를 의미해요. 즉, 스트레스는 우리 스스로가 적극적인 자세로 대응해야 하는 대상인 것을 꼭 기억해요.

수학은
정말 싫어!

벌컥 벌컥 벌컥

탁

이거지. 완전 시원.

진짜 시원하다.

그렇지?

응.

♪ ♡ 헤......

이 녀석.

얘 봐라.

아! 아까 수학을 싫어했는데도,
높은 점수를 받았다고 하셨잖아요.
어떻게 가능했어요?

사람은 누구나 싫어하는 일을 할 땐,
고통스럽다고 느끼지.

그런데 싫어하는 일의 이면을 살펴보면,
싫어하는 일은 대체로 어려운 일인 경우가 많아.
어려우니까 싫은 거지.

오. 그러네요.
전 역사가 어렵거든요.
그래서 싫다고 생각했나 봐요.

어려워서 싫어진 과목을 어떻게
다시 좋아하게 할 수 있어요? 어려운 과목이
갑자기 쉬운 과목이 되는 것도 아닌데요.

생각보다 간단한 방법이 있지.

어떤 방법이에요?

매일 조금씩이라도 하는 거야.
싫은 과목을 몇 시간이나 붙잡고 있어야 한다면,
스트레스를 받을 거야.

하지만 단 10분만 공부하기로 하면, '이 정도는 할 수 있지.'라는 생각을 하게 되지.

그래서 난 좋아하는 국어는 50분 공부하고 10분 쉬는 시간을 두었고, 수학은 10분 공부하고 10분 쉬는 시간을 두었어.

그렇게 매일 공부하다 보니, 어느 순간 수학 공부하는 시간을 20분, 30분으로 늘려도 괜찮아지더라고.

아! 매일 조금씩이라도 공부한 덕분에 수학이 쉬워지기 시작한 거군요.

그렇지.

싫어하는 과목을 공부할 때에는 그 과목을 공부해야만 하는 이유를 생각해 보는 것이 좋아.

친구나 주변 사람들과 이야기를 나눠 봐도 좋아. 그러다가 답을 찾을 수도 있으니까.

수진이 넌, 아까 역사 과목이 싫다고 했지?

네.

그럼 사회 과목도 싫어하니?

아뇨. 전 제가 사는 이 사회에 관심이 많아요. 그래서 사회 시간은 항상 흥미로워요.

지금 우리가 사는 이 사회는 어느 날 갑자기 만들어진 게 아니야. 오랜 역사의 연장선상에 있지.

즉, 과거의 역사를 알면 현재 우리 사회의 모습을 더 많이 이해하게 될 거야.

아! 역사를 공부해야 하는 이유가 생겼네요.

지은이, 많이 좋아?

동공지진,,,

뭘 그렇게 놀라?

어, 어떻게 알았어요?

어떻게 모르냐?
이마에 '나, 지은이 좋아해'라는 글씨가
딱 붙어 있는데.

싫어하는 과목의 공부법으로 두 가지를 꼭 기억해요. 하나는 매일 조금씩이라도 해서 익숙한 과목을 만드는 거예요. 익숙해지면, 그렇게 어렵게 느껴지지 않을 거예요. 다른 하나는 그 과목을 공부하는 이유를 생각해 보는 거죠. 이유가 생기면 이전보단 더 열심히 하게 돼요.

원하는 것과
좋아하는 것

연애는
사치일까?

태준이 오늘 여기서 재우고,
내일 바로 학교 보낼게요.
네, 형수님.

너, 어릴 때 나한테 풍선 사 달라고 했던 거 기억나?

갑자기?

말해 봐.

삼촌이
우리 엄마 아빠에게
휴식 시간을 주겠다며,
저를 공원에 데리고
갔었잖아요.

기억하네.
풍선을 사 달라고 해서 사 줬었지.

그런데
넌 10분 정도
가지고 놀다가
풍선을 놓아 버렸어.
5천 원이나 주고 샀는데.
네가 변덕을 부리는 바람에
살짝 기분이 상했었거든.

꼬잔하게.

인마. 돈의 액수가
문제가 아니라, 쓸데없이
돈을 버린 게 문제지.

그런데 곧 네가 왜 그랬는지 이해했지.

제가 왜 그랬는데요?

???

네가 풍선을 사 달라고 했을 땐, 주변 아이들 모두 풍선을 들고 있었어.

하지만 풍선을 놓았을 땐, 주변엔 풍선을 들고 있는 아이들이 없었어.

그게 뭐요?

넌 풍선을 좋아하지 않았던 거야. 단지 다른 아이들이 풍선을 가지고 노니까, 너도 그러고 싶었던 거지.

아!

사람들은 대체로 원하는 것과 좋아하는 것을 착각해. 그런데 좋아하지 않으면서 원하기만 하면 진정한 행복을 느낄 수 없어.

원하는 것   좋아하는 것

공부도 마찬가지야. 공부를 잘해야겠다고 원하는 것과 공부를 좋아하는 것은 전혀 다른 문제지.

공부를 잘하고 싶어.
≠
공부를 좋아해.

그러네요…. 무슨 말인지 이해했어요.

생각해 봐.
네가 공부를 좋아한다면,
연애한다고 문제가 될까?
반대로 공부를 싫어하는데
연애하지 않는다고
공부를 잘하게 될까?

연애를 하면 공부를 못하고,
연애를 안 하면 공부를 잘한다는
이분법적 사고에 불과해.
공부든 연애든, 중요한 건
오늘 하루를 의미 있게
살아야 한다는 것이야.

의미 있는 삶?
어떤 게 의미 있는 삶이에요?

정답은 없어.
인간의 삶이라는 게 수학 공식처럼
정해져 있는 것은 아니니까.
또, 사람마다 생각하는 게 다르니까.

다만, 내가 생각하는 의미 있는 삶에 대해
말해 줄 수는 있지.

삼촌이 생각하는
의미 있는 삶은
어떤 거예요?

자신이 좋아하는 것을
경험하면서
자신이 해야 하는 일을
완성하는 것.

오!

좋아하는 일만 하면서 살 수는 없어.
그렇다고 해야 하는 일만 하며 산다면,
삶의 즐거움은 사라지지. 그래서 좋아하는 일과
해야만 하는 일의 균형을 맞추는 게 중요해.

넌 학생이니까 해야 하는 일은 공부일 거야.
좋아하는 일은 연애가 될 거고.
이 둘의 균형을 잘 맞춘다면, 공부에서든 연애에서든
더 좋은 효과를 낼 수 있을 거야.

고마워요.

?

갑자기?

사실 지은이를 좋아한 이후로,
괜히 죄책감을 느꼈거든요.
내년이면 대학 입신데….
내가 지금 이럴 땐가 싶기도 하고….

그런데 삼촌 말을 들으니
한결 마음이 가벼워졌어요.
내가 좋아하는 것을 놓치지 않기 위해서라도,
더 열심히 공부할래요.

다 컸네, 우리 조카.

어린애 취급은 거절.

1등급 공부법

원하는 것과
좋아하는 것

청소년이 공부하는 건 좋아해서가 아니라 해야 하는 일이기 때문에 하는 거죠. 반면, 연애는 좋아하는 일에 속해요. 청소년은 학생이기 이전에 한 사람이므로 행복한 시간을 가지는 것도 중요해요. 다만, 장기적인 목표를 위해 연애의 양을 조절하는 훈련이 필요하겠죠?

배고픈데도
공부해야 해?

다음 시간에 보자.

아, 배고파.

매점에서 뭐 좀 사 먹을까?

아니.

왜?

다음 시간 영어잖아.

그게 왜?

?

오늘 쪽지 시험 친다고 했으니까, 10분이라도 공부해야지.

뭐, 오늘 쪽지 시험 쳐?

내가 더 놀랍다. 어떻게 모를 수가 있어?

아웅. 망했다. 나도 배고픈데…. 참고 한 단어라도 더 외워야 하나…. 이런다고 머리에 들어올까?

너, 모르는구나.
배고프면 먹고 싶은 욕구가 강해져서,
공부를 해 봤자 소용없는데.

모르는 건 너야.
사람은 기본적으로 여러 욕구가 있는데,
먹고 싶은 욕구도 그중 하나야.

욕구가 충족되지 않은 상태에서
어떤 지식을 집어넣게 되면,
먹고 싶은 욕구가 지식에 대한 욕구로 전이될 수 있어.

그래서 배고픔을 느낀 시점부터
30~40분까지는 공부가
가장 잘되는 시간이야.

고로 나는 지금 열심히 공부할 거니까,
말 걸지 마.

흥. 그럼 나 혼자 먹으러 가야지.

수ㅡ

수ㅡ

같이 가자.

그래.

천문 우주학과는
왜 가고 싶어?

슬쩍

조르르 ——

배가 부르면 몸이 편해져 공부하기 싫어질 수 있어요. 이를 방지하려면, 밥을 먹은 후엔 최소한 10분 이상 몸을 움직이는 것이 좋아요. 그래야 욕구가 완전히 충족되어 느슨해진 뇌를 활성화해 공부하기 좋은 상태로 전환할 수 있기 때문이에요.

14 친구

저절로 친구가 생기진 않아

왜, 내 책상에
노트를 올려 둔 거야?

너희가
필기 노트 필요하다는
말을 듣고….

아! 그때,
우리 말을 들은 거구나.

엿들었던 건 아니고, 들렸어.

엿들었다고는 안 했는데….
괜히 억울하네….

그런 이야기를
한 건 맞는데…. 왜?

그건….

아….

괜찮아. 말해 봐.

치, 친….

어?

친구가 되고 싶었어. 너희랑.

아!

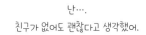
난….
친구가 없어도 괜찮다고 생각했어.

아, 아니. 사실은
친구를 어떻게
사귀어야 하는지 몰라서
그렇게 마음을
다졌던 거야.

그런데 너희들이 함께 있는 모습을 보니 부럽기도 하고….
나도 너희들의 친구가 되고 싶다는 마음도 들고….

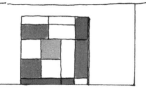

그래서,
내 나름대로
노력한다고 한 것이….

필기 노트였구나.

끄덕

그냥 친구가 되고 싶다고 말하면 될 것을.
네가 말하지 않는데, 우리가 어떻게 알겠어?

거절당할까 봐….

무슨 그런 쓸데없는 걱정을….

넌, 친구를 사귀는 게 쉬우니까 그런 말을 할 수 있지. 하지만 난 아니야. 세상에서 제일 어려운 게 친구를 만드는 거야.

뭔가 오해하고 있는데….
나도 노력해.
가만히 있는데,
저절로 친구가
생기진 않아.

뭐…?

나도.

나도.

너희도 노력한다고?

공부를 잘하기 위해 노력이 필요하듯 친구와의 좋은 관계에도 노력이 필요해.

서로 마음을 여는 노력.

난 서로 좋은 친구가 되기 위해선 서로의 생각과 마음을 주고받아야 한다고 생각해. 그러기 위해선 나름대로 노력이 필요하지.

나는…. 정말 너흰 아무 노력 없이 친구를 사귈 줄 안다고 생각했어.

하하. 이제라도 아닌 걸 알았으면 됐어.

그런데 왜 하필 우리야? 우리 반엔 다른 아이들도 많은데?

지그시 ―

나 때문? 나 좋아해?

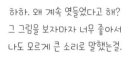

하하. 왜 계속 엿들었다고 해?
그 그림을 보자마자 너무 좋아서
나도 모르게 큰 소리로 말했는걸.

그러니까,
그래서 수진에게 호감을 느끼게 되었고,
수진이랑 같이 노는 우리까지도 친구로
사귀고 싶다는 거네?

끄덕

나는 찬성.

나도.

찬성을 왜 해?

인간은 사회적 동물이에요. 다른 사람과 좋은 관계를 맺고, 좋은 시간을 보내는 것에서 안정감이나 행복감을 느낄 수 있어요. 청소년도 마찬가지예요. 친구와 수다 떨고, 맛있는 것도 먹는 시간이 있어야 공부에서 받는 스트레스를 조금이라도 줄일 수 있어요.

15 환경

난 공부방이 없는데

우리 떡볶이 먹고 가지 않을래?

환경

책상이 깨끗하면 공부가 잘될까요? 너무 깔끔한 책상도 집중력을 떨어뜨려요. 그래서 각오를 다지는 글귀나 좋아하는 연예인의 사진 한두 개쯤은 붙여 두는 것도 좋아요. 하지만, 그날 공부한 책은 쌓아 두지 않고 바로 정리해 두는 습관이 필요해요.

16 자투리 시간

휴식은 OK,
잠은 NO!

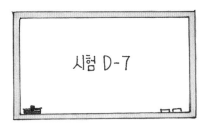

시험 D-7

146

아, 가, 가야지….

아, 그런데…

나도 너처럼 자투리 시간을 활용하고 싶어.
또 다른 활용법은 없어?

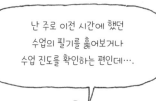

난 주로 이전 시간에 했던
수업의 필기를 훑어보거나
수업 진도를 확인하는 편인데….

자주 틀리는 문제를
체크하는 것도 괜찮다고 들었어.

또, 영어 단어를 제대로
외웠는지 검토하는
방법도 있을 거고….

생각보다
할 수 있는 게 많구나.

응. 하지만
그냥 쉬는 것도 괜찮아.

왜?

사람의 뇌는 같은 일을 반복할 때
무뎌지고 피로를 빨리 느낀대.

쉬는 시간 전후로 공부하니까,
쉬는 시간엔 그냥 휴식을 취하거나
음악을 듣는 게 더 좋을 수도 있어.

하지만 넌
그렇게 하고 있지 않잖아.

난 점검하는 게
휴식이야.

하하하.
그게 뭐야?

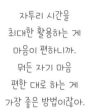

자투리 시간을 최대한 활용하는 게 마음이 편하니까. 뭐든 자기 마음 편한 대로 하는 게 가장 좋은 방법이잖아.

그건 그러네.

팁 하나 더 알려 줘?

응.

난 쉬는 시간 10분을 전반과 후반으로 나눠.

전반 ← **10** → 후반

5 **5**

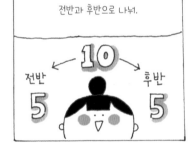

전반 5분은 다음 시간의 수업과 전혀 상관없는 일을 하고, 후반 5분은 다음 시간에 공부할 내용을 점검하는 거지.

전 **5** : 후 **5**

다음 수업과 상관없는 일

다음 수업에 공부할 내용 점검

그리고 얘처럼 쉬는 시간에 자는 건 별로 좋은 방법은 아니야.

1등급 공부법

자투리 시간

자투리 시간은 말 그대로 짧게 주어지는 시간이에요. 짧은 시간에 엄청난 집중력을 끌어내는 건 쉽지 않아요. 자투리 시간이 주어지면, 수업 진도를 확인하거나 필기 훑어보기 등 공부 모니터링을 하는 것이 바람직해요.

음악 들으며 공부한다고?

진짜
여기서 공부해도 된다고?

부스럭   부스럭

멀 그렇게 찾는 거야?

이어폰.

영어 들으려고?

아니, 음악. 음악을 들으면 공부가 더 잘되거든.

그래?
난 음악을 들으면
공부가 더 안 되던데.

동호는 멀티태스킹이 되나 보네.

멀티태스킹?

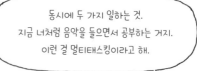

동시에 두 가지 일하는 것.
지금 너처럼 음악을 들으면서 공부하는 거지.
이런 걸 멀티태스킹이라고 해.

멀티 태스킹

오, 지은.
그런 것도 알고 있었어?

나도 공부할 때 음악 듣는 습관이 있어서….
두 가지 일을 동시에 하면 효율적이잖아.

그런데 이상하게도 공부가 잘 안 되는 거야.
그래서 찾아보니까 공부할 땐
공부에만 집중하는 게 좋다고 해.

아! 그리고,
인지심리학에선
멀티태스킹을~

'악마'라고도 한댔어.

하하하.
악마?

너무 심한데?

삼촌이
멀티태스킹에 대해서도
말해 준 게 있어?

응.

방금 지은이가 멀티태스킹을 악마라고 했잖아.
사람은 기본적으로 멀티태스킹이
가능하지 않는데도, 잘 해내고 있다고
착각하게 만들기 때문이야.

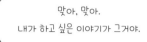
맞아, 맞아.
내가 하고 싶은 이야기가 그거야.

착각 아닌데. 난 진짜 공부할 때,
음악을 들으면 더 잘되던데.

바로 그게 착각이라는 거야.

두 일을 동시에 잘한다고 생각하는 건
정보를 피상적으로 이해하기 때문이야.

쉽게 말해
동시에 하는 두 가지 일 중 한 가지가 잘되면,
나머지 일도 잘되고 있을 것 같다는 느낌이
전염되는 것이지.

그러니까, 음악을 잘 듣고 있으니까
공부도 잘된다고 느끼는 거지,
실제로 잘되고 있는 건 아니야.

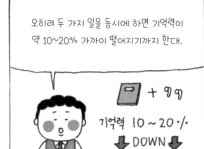

오히려 두 가지 일을 동시에 하면 기억력이
약 10~20% 가까이 떨어지기까지 한대.

기억력 10 ~ 20 %
⬇ DOWN ⬇

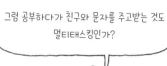

그럼 공부하다가 친구와 문자를 주고받는 것도
멀티태스킹인가?

난 친구와 문자를 주고받아도 공부가 잘되던데.
나도 착각하는 건가?

그건
스위칭이야.

스 위 칭

???

스위칭?

스위칭은 두 가지 이상의 일을
번갈아 가면서 해내는 것을 말해.

이를 가능하게 만드는 것은
집중력의 빠른 이동이야.

수진인 집중력을
빠르게 이동시킬 수 있는 거지.

하하. 내가 집중력이 좋긴 하지.

인정.

사람들은 멀티태스킹과 스위칭을 혼동해. 그래서 스위칭을 잘하는 것인데도, 멀티태스킹을 잘한다고 착각하지.

멀티태스킹은 두 가지 이상의 일을 동시에 하는 거고,

스위칭은 두 가지 이상의 일을 번갈아 가면서 하는 거야.

빠른 속도로 번갈아 가면서 하니까 마치 동시에 하는 것처럼 느끼는 것이고.

그러니까, 이 이야기의 결론은 '공부를 효율적으로 하고 싶다면, 오로지 공부에만 집중하는 것이 좋다.'네. 그렇지?

응.

그럼 모두 집중해서 공부하자.

멀티태스킹

두 가지 일을 동시에 할 수 있어요. 책을 읽으며 음악을 듣거나 통화 중 SNS를 할 수도 있지요. 하지만 두 가지 일을 동시에 하는 것뿐이지 두 가지 일을 모두 잘할 수는 없어요. 집중력이 분산되기 때문이죠. 또, 기억력은 10~20%가량 떨어져 버려요. 그래서 공부할 땐 공부에만 집중하는 게 좋아요.

설명

가짜 이해 판별사

짹깍

짹깍

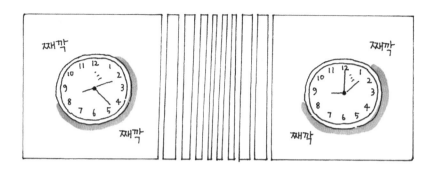

? 갸우뚱

가전체 소설이 먼지 알아?
공방전은 가전체 소설이라고 하는데,
이게 먼지 모르겠어!

가전체 소설은 고려 중기 이후 성행한 소설이야.
술, 돈, 지팡이 등 사물을 의인화해서
사회를 비판하거나 교훈을 주는 문학이야.

아. 그럼 공방전의 주인공인
공방도 사물이야?

응. 엽전. 엽전을 의인화해서
돈의 폐해를 비판하고 있어.

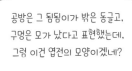

공방은 그 됨됨이가 밝은 둥글고,
구멍은 모가 났다고 표현했는데,
그럼 이건 엽전의 모양이겠네?

맞아.

미안.
자꾸 물어서.

괜찮아.
어차피 나도 공방전을
한번 훑어볼 생각이었으니까.

그리고 이렇게 설명하는 게
나한테도 도움이 많이 돼.

진짜? 어떤 점에서?

어떤 점에서?

음.... 일단 두 가지가 있어.

두 가지나?

응. 첫 번째는 이렇게 설명하면서, 내가 공방전에 대해 꽤 정확하게 알고 있다는 걸 확인하게 된 거지.

설명하기 전엔 몰랐다는 거야?

아니, 알고는 있었는데….

그러니까
알고 있다고 느꼈다는 게 정확한 말이겠다.
알고 있다고 느끼는 것과 진짜 알고 있는 건
다른 문제지.

진짜 알고 있다는 건
정확하게 이해한다는 거잖아.

정확하게 이해하고 있으면,
다른 사람에게도 설명해 줄 수 있어야 해.

만약 설명해 줄 수 없다면,
진짜 알고 있는 게 아닌 거지.

그러니까 설명해 줄 수 없는 지식은
'가짜 이해'에 불과해.

가짜 이해?

지금 내가 너한테
공방전을 설명할 수 없었다면,
난 내가 안다고 생각했지만 몰랐다는 걸
깨닫게 되었을 거야.

그럼 다시 공부해야 한다고
생각했겠지.

하지만 다행히도 난 설명을 잘 해냈기에
내가 이 작품을 정확하게 이해하고 있다는 것도
깨달았어.

그러니까 지은이 네가 질문한 건
내 공부에 큰 도움이 되었지.

잘 가르쳤다면, 잘 가르친 대로.
못 가르쳤다면, 못 가르친 대로.

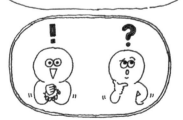

오! 그러니까 설명은
내가 알고 있는 지식이 가짜인지 진짜인지를
판단할 수 있는 계기가 될 수 있는 거구나.

두 번째는 뭐야?

공부를 입력, 설명을 출력이라고 가정해 봐.

공부 = 입력

설명 = 출력

출력은 입력보다 학습 효과가 8배 정도 높아.

8배

그러니까 그냥 공부하는 것보다 다른 사람에게 설명할 때 더 잘 기억하고, 이해도도 높아지는 거지.

아! 나한테 설명하면서 너도 공부가 되었다는 거네.

그렇지.

1등급 공부법

설명

미국의 심리학자 토리 히긴스는 '사람은 말하는 것을 믿고, 말하는 것을 기억한다.'라고 이야기했어요. 이를 공부에 대입해 보면, 문제를 풀 때 풀이 과정을 눈으로만 보는 것보다 누군가에게 설명해 주는 것이 더 효과적이라는 것을 알 수 있어요. 그래서 친구끼리 서로 풀이 과정을 설명해 주는 시간을 가져 보는 것도 좋은 공부법이 될 수 있겠죠.

19 착각

아는 데 틀렸다고?

82점.

지난번보다 성적이 올랐어. 그런데 안 틀려도 되는 문제를 두 개나 틀렸어. 유사한 문제를 오답 노트에다 정리까지 했는데, 왜 또 틀렸을까?

오답 노트를 작성만 했지, 제대로 공부하지 않아서 그런 걸 거야.

엥? 무슨 말이야?

틀린 문제를 오답 노트에 기계적으로 베껴 쓰기만 했다는 뜻이야. 아니야?

그렇긴 한데⋯. 뭘 또 더 어떻게 해야 한다는 거야?

오답 노트를 작성할 때, 놀란 적 있어?

멀 놀래? 왜 놀래?

'아! 이래서 내가 틀렸구나.' 같은 놀라움.

음….

아니, 그런 적은 없었던 것 같아.

오답 노트는
틀린 문제를 기록만 하는 노트가 아니야.
내가 그 문제를 왜 틀렸는지
깨닫기 위해 작성하는 거야.

오답 노트✦

틀린 이유를 알게 되면,
'아!' 하고 놀라게 돼.
그런 놀라움이 없었다면,
그냥 기계적으로 기록한 거라는 거지.

아!

일리 있네. 네 말대로 난 오답 노트를 작성할 때,
그냥 틀린 문제를 기록하는 것에만 그쳤거든.

끄덕

그런데 내가 뭘 틀렸는지 깨닫고,
그것에 대해 놀라워하면,
다음 시험에서 유사한 문제가 나왔을 때,
안 틀릴 수 있나?

?

대체로
안 틀릴 수 있지.

왜?

하이퍼 코렉션 효과 때문이야.

하이퍼 코렉션

하이퍼 코렉션?

나도 처음 들어 보는데,
무슨 뜻이야?

'아!' 하고 놀랐기 때문에 더 잘 기억하게 된다는 뜻.
그러니까, '아! 이래서 정답이구나.'라는 느낌을 받은 문제는
다른 시험에서 유사 문제를 봤을 때 '아! 이거였지.' 하고
기억을 쉽게 떠올릴 수 있는 거지.

아!

그렇구나.

와,
넌 어떻게 이런 걸 알아?
저번에 다른 사람에게
설명하는 게 공부에 도움이 된다는
이야기도 그렇고.

경일 삼촌 덕분이랄까.

전부 경일 삼촌이
가르쳐 줬다는
뜻이야?

아니. 그런 건 아니고.
경일 삼촌 덕분에 공부를 그냥
막무가내로 하는 것보단,
효율적으로 하는 게 좋다는 걸
알게 되었어.

그래서 효과적으로 공부하는 법에 대해
이것저것 찾다 보니, 여러 가지를
자연스럽게 알게 되었어.

오! 최수진.

능동적이네.

우리 삼촌이
이 말을 들으면
흐뭇해할 듯.

헤헤헤. 내가 공부 욕심이 좀 많아.

아! 그리고, 팁 하나 줄게.

먼데, 먼데?

???

맞힌 문제 중엔 진짜 알아서 맞힌 문제와 그냥 찍어서 맞힌 문제가 있잖아.

그런데?

?

그냥 찍어서 맞힌 문제는 틀린 문제와 마찬가지로 모르는 문제라고 할 수 있겠지?

그, 그렇지?

그런데도 점수를 얻었기 때문에 오답 노트에 쓰지 않게 되면, 오히려 더 모르고 지나갈 수도 있어.

그래서 찍어서 맞춘 문제는 점수에 넣지 않고 계산하는 습관을 지니는 게 좋아.

찍어서 맞춘 문제

점수

당연히 오답 노트에 표시해 두고.

오! 그러네.
이제부터라도
그런 습관을
지녀야겠다.

나도.

슬쩍

나도.

우리 이러다
'공부의 신' 되겠다.

하하하.
그러면 좋겠네.

그것까진 바라지도 않아.
난 일단 최대한 성적 올리기.
그래야 원하는 공부를 할 수 있으니까.

오답 노트를 효과적으로 활용하기 위해서는 틀린 문제와 비슷한 문제를 서너 개 더 풀어 보는 것이 좋아요. 그래야 '이런 문제는 여기서 조심해야겠다.'는 생각이 들면서 틀린 문제를 기억 속에 확실히 저장할 수 있어요. 모르는 걸 안다고 착각하지 않게 말이죠.

정서적 안정이 중요해

요리는 탕수육과 팔보채.

사소한 것이든
그렇지 않은 것이든
우리는 무언가를 선택하는 동안
꽤 많은 양의 정신적
에너지를 소모하지.

어쩐지.

사실 우리가 선택하는 것들 대부분은
사소한 것인 경우가 많아.

그래서 선택을 잘 못하는
자신을 보면 더 답답해하는 거지.
'겨우 이런 거 가지고 이렇게 고민하나?'
이런 생각이 드니까.

게다가 몸이나 기분이 안 좋은 상태에서
선택적 상황에 놓이게 되면, 스트레스는
더 극심해지지. 선택에 드는 많은 에너지를
감당하지 못해서.

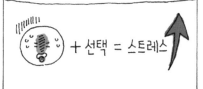

＋ 선택 ＝ 스트레스

주문 완료!

진ㅡ지
심ㅡ각

어!
이 분위기
뭐임?

선택에 관한
이야기를
하고 있었어.

선택?

선택해야 하는 상황은
사람의 에너지를 많이 빼앗는다고.

아.

선택을 좀 더 단호하게, 잘할 수 있으려면
어떻게 해야 해요? 그런 방법도 있어요?

건강한 신체에
건강한 정신이
깃든다는 말
많이 들어 봤지?

건강한 신체
건강한 정신

네.

일단 자신을 너무 피곤한 상태로
몰지 않는 게 중요해.

몸이 피곤하면 정서적으로도 불안정해지지.
불안정해진 정서는 선택을 망설이게 하거나,
뭔가를 선택하더라도 최악의 선택을 할
가능성이 커져.

피곤한 몸   불안정한 정서   선택 망설임
or
최악의 선택

이 시간에 바로 공부를 하면
3시간을 다 쓸 수 있어.

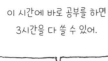

그런데 이 과목을 할까, 저 과목을 할까
고민하다 보면, 시간이 허무하게
사라져 버리지.

그래서 내게 주어진 시간에
무얼 공부할 것인가를
빨리 선택할 수 있는 게 중요해.

음식 나왔습니다.

맛있겠다.

1등급 공부법

선택

자장면이냐, 짬뽕이냐? 자장면과 짬뽕을 두고 선택의 어려움을 겪은 적이 있을 거예요. 선택의 시간이 길어질수록 맛있게 먹을 시간도 늦춰지죠. 공부도 그래요. 국어를 공부할까, 수학을 공부할까, 1시간 공부할까, 2시간 공부할까? 뭘 선택할지 몰라 고민하다, 정작 공부해야 할 시간을 고스란히 날려 버릴 수도 있어요. 그래서 미리 어떤 과목을 어떻게 공부할지 촘촘하게 계획을 짜 두는 일이 필요해요.

인지심리학자들이 그러는데,
창의력은 타고난다는 증거가 아무것도 없댔어.
타고난 능력보다 상황이야.

상황? 그게 무슨 말이야?

음…. 이를테면…. 난 소설을 읽을 때
창의적인 생각이 많이 떠올라. 그런데
다른 누군가는 목욕할 때나 혼자 길을 걸을 때
창의적인 생각을 하게 될 수도 있어.

사람들은 자신이 어떤 상황에 있을 때
새로운 아이디어가 떠오르는지 알고 있어.
그래서 창의적인 생각이 필요하다면,
스스로 그런 환경을 만들면 되는 거야.

창의적으로 생각할 수 있는
상황….

난 음악을
들을 때인 것 같아.

그래,
그런 식으로.

정서적 변화가 창의적 생각을 불러일으키기도 해.
기분이 좋아지거나 갑자기 재미있는 생각이 들 때.
심지어 슬픈 생각이 들 때도
창의적인 생각이 들 수 있대.

감정의 변화는
고민할 때 사용하는 뇌 부위와는
다른 부위를 활성화시켜
그 문제를 보는 시각을 달라지게
하기 때문이야.

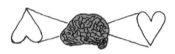

그렇구나.

'난 창의력이 없어.'라고 말하는 건
자신에게 그렇다고 세뇌하는 거야.
그러니까, 앞으로 절대
그런 말은 하지 않기.

약속!

머뭇 머뭇

올~ 이 미묘한 기류는 뭐지?

어휴, 이건 느끼고,
태준이가 미묘한 건 못 느끼냐?

여기서 갑자기
태준이가 왜 나와?

모르면 됐다.

???

동호는 화가를 꿈꾸고 있었구나.
지은인 천문 우주학자고.
태준인 인지심리학자.
다들 자기 길을 정해 놓고
그 길을 따라 걷고 있는 느낌이네.

어떻게 자기 길을 정할 수 있는 거지?
어떻게 그렇게 확신할 수 있는 거지?
난 아무것도 모르겠는데….
그냥 명문 대학만 가면 될 것 같은데.

하아. 모르겠다.
정말 모르겠다.

1등급 공부법

창의력

창의력은 타고나는 것이 아니라 기르는 거예요. 창의력은 독창성, 융통성 등을 필요로 해요. 이러한 능력을 키우는 기초 체력이 메타포예요. 즉, 창의력은 은유적 표현을 얼마나 접했는지에 달려 있다고 해도 과언이 아니에요. 메타포를 가장 잘 활용한 장르는 '시'예요. 만약 창의력을 키우고 싶다면, 시를 읽어 보세요.

중요한 것은
대학이 아닌
학과

삼촌, 우리 왔어요.

또 왔어요.

안녕하세요.

저 기억하시죠?
저번에 중국집….

당연히 기억하지. 동호.

헤헤.

어쩐 일들이야?
오늘은 온다는 말 없었잖아.

삼촌이 보고 싶어서요.

너희들도?

네.

고마움의 표시로
저희가 준비한 거예요.

비싼 건 아니고….
무선 이어팟.

고맙다.

꼬 " 옥

다들. 일단 앉아.

저번에도 넌 휴식을 취하는 게
좋겠다는 생각을 했는데,
오늘도 그런 생각이 드네.
그동안 잠을 잘 못 잤어?

어, 어떻게 알았어요?

명문 대학에 가면
좋을 것 같아?

당연하죠.

너희들도 그렇게 생각해?

전 제가 원하는 과에만 갈 수 있어도
행복할 것 같아요.
일단 성적이 좋지 않으니까.

난 인지심리학을 잘 가르쳐 주실
교수님이 계신 대학을 찾아볼 생각이에요.

전 미술학과로 유명한 대학을 찾고 있어요.

그러니까 너희는 대학보단 전공이
더 중요하다는 말이지?

끄덕

끄덕

끄덕

넌 멀 공부하고 싶어?

없어요.

그래서
명문 대학만 가면
된다고 생각한 거야?

네.

지금 너희들에겐 대학에 합격하는 것만이
최고의 목표일 수도 있어.

그런데 막상
대학에 들어가면, 많은 학생이
'지금 내가 하고 싶은 공부를 하고 있는가,
그리고 이 공부를 하면 즐거운가?'
같은 질문을 자신에게 던지게 돼.

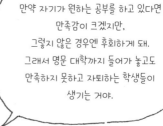

만약 자기가 원하는 공부를 하고 있다면
만족감이 크겠지만,
그렇지 않은 경우엔 후회하게 돼.
그래서 명문 대학까지 들어가 놓고도
만족하지 못하고 자퇴하는 학생들이
생기는 거야.

하지만 내가 원하는 게 먼지
모르겠는걸요.

그럴 수 있어.
누구나 다 자기가 원하는 걸 찾을 수 없으니까.
또, 지금 당장 꼭 찾아야 하는 것도 아니고.

하지만 나중에
후회 없는 대학 선택을 하려면
네가 만족할 수 있는 전공을 선택할 순
있어야겠지?

내가 만족할 수 있는
전공….

지금부터라도
천천히
찾아보는 건
어떨까?

하지만 어떻게요?
차라리 공부만 하는 게 더 쉬운 것 같아요.
내가 뭘 원하는지, 뭘 하고 싶은지 찾고 싶어도….
세상에 대해 아는 게 없는걸요.

명문 대학보다 중요한 건 만족감을 주는 대학이에
요. 만족감을 주는 대학이란 누구나 다 좋다고 말하
는 대학도 아니며, 점수에 맞춰 가는 대학도 아니에
요. 바로 자기 자신의 관심사와 연결되어 있으며, 그
관심사를 최대한 잘 배울 수 있는 대학이랍니다.

간접 경험
이라도
좋아

째깍 째깍

사실 우린 공부 외엔
할 수 있는 게 많지 않지.
학교, 학원, 집만 오가고.

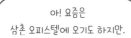
아! 요즘은
삼촌 오피스텔에 오기도 하지만.

어쨌든, 그래서 수진이 마음이 이해돼.
뭘 선택하려 해도 알아야 선택하지.
우리 또래들이 거의 다 그럴걸? 나, 지은이,
동호는 오히려 운이 좋은 편에 속하는 거지.

자. 일단 분위기 전환해 보자.
먼저 달콤하고 따뜻한 코코아 한 잔씩 마시고.
뭔가 우울하면, 달콤한 음식이 도움 되지.

끄덕

속一

저도
도울게요.

저도요.

달그락 | 달그락

부스럭
부스럭

저기,
수진아, 이거…

이거 먹으면 기분이 좀 좋아질 거야.

부스럭   부스럭

짹깍   짹깍

아, 뜨,
아, 뜨…

아이고.

잠깐만.

짠

이렇게 감싸면 괜찮을 거야.

수一

활一짝

아, 고마워.

휙一

…?

깨똑.

깨똑.

깨똑.

깨똑.

경일 님으로부터 선물이 도착했습니다.
도서 상품권 50,000원

삼촌!

우아.

대박.

아, 고맙습니다.

고맙습니다.

그런데 왜 이걸?

?

너희들
경험을 좀 더
넓히라고.

이걸로 어떻게
경험을 넓혀요?

Q

그 대답을 하기 전에
먼저 질문.

직접 경험이 뭘까?

자신이 직접 체험해 얻는 경험은
직접 경험이에요.

그럼 간접 경험은?

독서나 영화, 공연 관람 등을 통해
간접적으로 얻는 경험요.

둘 다 정확하게 말했어.
우리가 하는 경험엔 직접 경험과 간접 경험이 있지.
그런데 이 중 어떤 경험이 사람의 뇌에
오래 저장될까?

직접 경험요.

맞아.
그런데 왜?

그 이유는….

정확하게 설명할 수 있는 사람?

아무래도 직접 경험하는 게
간접 경험보다 더 낫다는 건 알겠는데….
그 근거를 정확하게 설명하려니….
모르겠어요.

???

직접 경험과 간접 경험의 가장 큰 차이는
머리가 아니라 손발에 있어. 간접 경험은
보고 듣는 감각을 통해서만 경험할 수 있지만,
직접 경험은 직접 만지거나 향을 맡거나 먹을 수도 있어.

사과로 예를 들어 볼까?
사진으로 사과를 볼 때 시각만 사용하게 되지.

그런데 직접 사과를 볼 땐
향을 맡거나 만질 수도 있고, 먹을 수도 있어.
즉, 시각, 후각, 촉각, 미각까지 사용하는 거지.

그런데 사람의 뇌는
두 가지 감각만을 가지고 경험할 때보다
다섯 가지 감각을 다 가지고 경험할 때 그것을
진짜 경험으로 인식해. 그리고 사용하는
감각 기관이 많을수록 뇌가 더 많이
활성화되지.

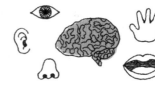

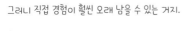
그러니 직접 경험이 훨씬 오래 남을 수 있는 거지.

그런데 이 이야긴 왜 하는 거예요?

아!

사람들이 최대한 많은 경험을 하려는 이유는 경험을 통해 얻은 다양한 정보를 활용하기 위해서야. 너희 경우엔 진로를 정하기 위해서라도 더 많은 경험이 필요하지.

그런데 현실적으로 다양한 경험을 하긴 힘들잖아. 꿩 대신 닭이라고, 일단 간접 경험이라도 해 보라고.

도서 상품권 도서 상품권 도서 상품권 도서 상품권

조금 전 깨톡으로 보낸 상품권은 내가 주는 간접 경험을 위한 선물.

아!

그렇게 깊은 뜻이….

하하하. 뭐, 그렇게 뜻이 깊지는 않아.

아무튼, 내일은 서점에서 놀고,
관심 있는 책은 알아서들 사.

네!

그러니까 내일은
여기 오지 말라는
말이네요. 우리가
많이 귀찮은가 봐요.

아니라고는
못 하겠네.

1등급 공부법

경험

경험을 통해 다양한 정보를 활용해 우리의 진로를 결정할 수 있어요. 직접 경험이 부족하다면 간접 경험이라도 많이 하는 것이 좋아요. 특히, 독서는 간접 경험 중에서도 상당히 적극적인 경험에 속해요. 글을 읽으며 시각적인 것을 떠올려야 하고, 촉각을 만들어 내야 하며, 그 외에도 다른 여러 가지들을 상상하게 되죠. 이때 우리의 뇌는 왕성한 활동력을 보인답니다.

이미지
트레이닝

나
자신을
믿어봐

○○문고

세상엔 정말 책이 많네. 괜히 기죽는다.
알아야 할 것은 많은데, 아는 것은 없는 것 같아서.

A

너처럼 공부 잘하는 애도 그런 생각이 들어?

이미지 트레이닝은 머릿속으로 자신이 원하는 모습을 그려 보는 거예요. 내가 원하는 대로 잘되어 있는 내 모습을 상상해 보는 거죠. 나를 믿고, 꼭 그렇게 될 거라는 긍정적인 마음을 갖고 노력한다면 꿈은 반드시 이루어질 거예요. 꿈은 이루어지기 위해 있는 거라고 하잖아요.

한눈에 보는

1등급 공부법

24

1 _____ 목표

꿈을 이루기 위해선 좋은 목표가 있어야 해요. 좋은 목표란 내가 해야 할 바를 분명하게 제시해 주는 거예요.

2 _____ 계획

계획은 목표를 달성하기 위한 수행 과정이에요. 이 과정에는 '정해진 시간에 정확하게 내가 해야 할 일'이 제시되어 있어야 해요.

5 _____ 자기 세뇌

공부에서 가장 중요한 건 자신감이에요. '나는 잘할 수 있다.'라고 자신을 세뇌해 봐요.

6 _____ 필기

필기를 끝낸 후엔 중요한 것 몇 가지를 색깔별로 표시해 두는 게 효과적이에요. 우리 뇌는 한 번에 3가지 이상을 습득하기 힘들기 때문이에요.

9 _____ 인출 단서

과목마다 다른 장소에서 공부하는 것도 기억력을 높이는 방법이 될 수 있어요. 이를테면 과목마다 다른 장소에서 공부하면 인출 단서를 가지기 쉬워요.

10 _____ 스트레스

스트레스는 내가 좋아하거나 즐거운 일을 능동적으로 찾아 함으로써 이겨 낼 수 있어요. 스트레스는 적극적인 자세로 대응해야 하는 대상인 것을 꼭 기억해요.

3 ____ 습관

좋은 습관은 좋은 행동과 좋은 결과를 낳아요. 자신이 할 수 있는 것들을 정해 조금씩 바꾸도록 노력해 봐요.

4 ____ 불안감

불안감은 내가 알지 못하거나 내가 전혀 예측할 수 없는 경우에도 발생해요. 먼 미래를 미리 걱정하지 말고, 지금 해야 하는 일을 하나씩 해 나가는 것에 집중하도록 해요.

7 ____ 날씨

사람은 알게 모르게 날씨의 영향을 많이 받아요. 날씨는 날씨고, 공부는 공부라는 생각을 하여 날씨를 감정에 전염시키지 않게 해야 해요.

8 ____ 기억력

기억력을 높이고 싶다면, '기억을 잘 집어넣는 나만의 방법'을 찾는 것이 중요해요.

11 ____ 싫은 과목

싫어하는 과목은 매일 조금씩 해서 익숙한 과목으로 만들어 보세요. 또, 그 과목을 공부하는 이유를 생각하게 되면 도움이 되어요.

12 ____ 원하는 것과 좋아하는 것

공부는 좋아서 보다는 해야만 하는 일이기 때문에 하는 경우가 많아요. 반면, 연애는 좋아하는 일에 속해요. 공부 때문에 연애를 금지할 필요는 없어요. 다만, 장기적인 목표를 위해 연애의 양을 조절하는 훈련이 필요해요.

13 시간

배가 부르면 몸이 편해져 공부하기 싫어질 수 있어요. 이를 방지하려면, 밥을 먹은 후엔 최소한 10분 이상 몸을 움직이는 것이 좋아요.

14 친구

친구와 수다도 떨고, 맛있는 것도 먹는 시간이 있어야 공부에서 받는 스트레스를 조금이라도 줄일 수 있어요.

17 멀티태스킹

두 가지 일을 동시에 모두 잘할 수는 없어요. 집중력이 분산되기 때문이죠. 그러니까 공부를 할 땐 공부에만 집중하는 게 좋아요.

18 설명

문제를 풀 때 풀이 과정을 눈으로만 보는 것보다 누군가에게 설명해 주는 것이 더 효과적이에요. 그래서 친구끼리 서로 풀이 과정을 설명해 주는 시간을 가져 보면 좋아요.

21 창의력

창의력은 타고나는 것이 아니라 기르는 거예요. 창의력은 독창성, 융통성 등을 필요로 해요. 시를 읽는 것도 창의력을 키우는데 도움이 되어요.

22 만족감

명문 대학보다 중요한 건 만족감을 주는 대학이에요. 자기 자신의 관심사와 연결되어 있으며, 그 관심사를 최대한 잘 배울 수 있는 대학이죠.

15 환경

너무 깔끔한 책상도 집중력을 떨어뜨려요. 그래서 각오를 다지는 글귀나 좋아하는 연예인의 사진 한두 개쯤은 붙여 두는 것도 좋아요.

16 자투리 시간

짧은 시간에 엄청난 집중력을 끌어내는 건 쉽지 않아요. 자투리 시간이 주어지면, 수업 진도를 확인하거나 필기 훑어보기 등 공부 모니터링을 하는 것이 바람직해요.

19 착각

오답 노트를 효과적으로 활용하기 위해서는 틀린 문제와 비슷한 문제를 서너 개 더 풀어 보는 것이 좋아요. 모르는 걸 안다고 착각하지 않게 말이죠.

20 선택

미리 어떤 과목을 어떻게 공부할지 촘촘하게 계획을 짜 두는 일이 필요해요. 무얼 얼마나 공부할까 선택하지 못해 정작 공부해야 할 시간을 고스란히 날려 버릴 수 있어요.

23 경험

경험을 통해 다양한 정보를 활용해 우리의 진로를 결정할 수 있어요. 그래서 직접 경험이 부족하다면 간접 경험이라도 많이 하는 것이 좋아요.

24 이미지 트레이닝

머릿속으로 자신이 원하는 모습을 그려 보는 이미지 트레이닝은 긍정적인 마음을 심어 주어 꿈을 이루는 데 도움을 주어요.

나는 너를 믿어.
그러니까, 너도 너를 믿어.